THÈSE

POUR LA LICENCE.

FACULTÉ DE DROIT DE TOULOUSE.

THÈSE

POUR LA LICENCE,

EN EXÉCUTION DE L'ARTICLE IV, TITRE II, DE LA LOI DU XXII VENTOSE AN XII,

SOUTENUE

Par M. BOUSSION (Emile),

Né à Lauzun (Lot-et-Garonne).

TOULOUSE,
IMPRIMERIE DE LAMARQUE ET RIVES,
Rue Tripière, 9.
1858

A MON PÈRE.

A MA MÈRE.

A MES FRÈRES.

A MES PARENTS ET AMIS.

JUS ROMANUM.

De contrahenda emptione.

INST., LIB. III, TITRE XXIII. — DIG., LIB. XVIII, TITRE I.

Olim permutatione facta, emptio-venditio perficiebatur. Enim non erat nummus, neque aliud merx, aliud pretium vocabatur. Sed quum nummus electus esset, merx et pretium distingui cæperunt, et emptio-venditio rectè definita fuit : *Contractus quo alter alteri rem pro domino habere licere præstaturum se promittit, alter alteri pretium dare vicissim obligatur.*

Est autem emptio-venditio juris gentium; et ideò consensu peragitur, et inter absentes contrahi potest, et per nuntium et per litteras.

Quod si in contrahendo convenit, ut contractus in scripta redigeretur, voluit Justinianus præsumi contrahentium voluntatem fuisse, ut non prius perfectus esset contractus, quam instrumentum fuerit numeris omnibus absolutum.

Tria ad substantiam emptionis-venditionis spectant, scilicet : res quæ væneat; pretium quod pro ea re constituitur, et consensus super re et pretio.

§ I. — *De re quæ væneat,*

Nec emptio, nec venditio, sine re quæ væneat potest intelligi. Undè sequitur, ut si res de qua agitur ante venditionem omnino perierit, nulla sit venditio. Sin autem dimidia pars, nec minor, adhuc remaneat, emptio valet; hòc enim casu extitisse res intelligitur, quamvis imminuta.

Sin autem, ignorante emptore, sciebat venditor rem totam esse dirutam, non valet venditio. Tamen hoc casu, propter dolum venditoris, actionem ex empto habebit emptor, ut in id quanti sua interest restituatur. Si vero quantacumque pars remaneat, venditio stare potest, dummodo venditor emptori quod interest restituat.

Si, ex diverso ignorante venditore, sciebat emptor rem omnino esse dirutam antea venditionem; contradicente Paulo, non valet venditio, quia rei quæ præstari non potest, pretium non debetur. Tamen, arboribus vente dejectis, emptionem fundi esse contractam videtur Cujacio, nisi illarum arborum contemplatione fundus comparabatur.

Fructus et partus futuri recte ementur, nam res existura est, quamvis nondum existat imo sine re valet venditio; veluti quum quasi alea emitur quia in hac specie spes væniat, quæ pretio æstimari potest.

§ II. — *Quæ res vendi possint necne?*

Omnium rerum quas quis habere, vel possidere, vel persequi potest venditio rectè fit, sed res quæ non sunt in commercio vendi non possunt.

Recte venditur ususfructus. Quum fructuarius suum jus ususfructus vendit, ad personam emptoris quod venditur non transit, ita ut, si venditor statim morierit, nihil heres emptori debebit.

Loca sacra, vel religiosa vœnire non possunt, nisi cum loco profano cui cohærent, una væneant. Quod si modicus locus sacer fuerit in universitate fundi venditi contentus, nullum que aditum ex publico habat, hujus loci venditio certa habetur.

Servi valebit venditio, qui in hostium potestate sit, quia ob spem potsliminii, res ab hostibus captæ vendi possunt.

Quod diximus, earum rerum quarum commercium non est, non valere venditionem, cum hac limitatione tamen accipiendum est : ut si ab ignorante, bona fide, emptæ fuerint, venditor obligetur emptori in id quod ejus interest non fuisse deceptum.

Idem dicendum erit de rebus furtivis, quarum tamen emptio valet si vitium ignoraverit emptor. Quod si et emptor et venditor scit furtivum esse quod væniit, a neutra parte oritur obligatio; si emptor solus scit, non obligatur venditor : nec tamen ex vendito quidquam consequitur, nisi ultro quod convenerit præstest.

§ III. — *Cujus res vendere aut emere qui possit necne.*

Quisque rem suam, sed etiam alienam vendere potest. In emptione-venditione rei alienæ, invicem obligantur venditor et emptor; tamen traditio ademptorem dominium non transfert, et ideo res emptori auferri potest.

Suæ rei emptio non valet; si ignorans emi, quod solvero repetere potero, quia nulla obligatio fuit. Pariter nulla est etsi sciens emi, sed qui sciens solvit quod non debebat, condictionem indebiti non habet.

Quod diximus suæ rei emptionem non valere, duas limitationes patitur; prima, si quis emet quod ipsi circa rem suam deest; altera, quum, id quod meum est, sub conditione emero, ne meum esse desineat.

Sed si communis ea res vendita emptori cum alio sit, pro parte valet venditio, scssio pretio pro portione.

Tamen res quarum administrationem habemus emere non licet; hoc est ad fraudas vitandas; itaque tutor rem pupilli emere non potest, nisi publica fuerit venditio.

§ IV. — *De pretio.*

Sine pretio nulla venditio est; circa hoc pretium tria requiruntur: ut serium sit, et certum et in numerata pecunia.

1° (*Serium.*) Hinc quum in venditione, quis pretium rei ponit, donationis causa non exacturus, non vendere videtur. Nihilominus hæc donatio, venditionis commento velata, valet ut donatio, postquam traditio secuta fuerit.

Quoties vero, donationis causa, quis minoris vendit, sine dubio valet venditio. Hoc tamen inter virum et uxorem nullum est, quia donatio vel indirecta prohibetur.

2° (*Certum.*) Undè venditio non valet, quum emere volenti sic venditor dicit: « Quanti velis habebis emptum. » Nullum enim vinculum est juris quo adstringetur emptor.

Quod si in arbitrium tertii collatum sit, voluit Justinianus hanc valere quasi sub conditione factam venditionem; hoc verum est, nisi manifesta esset iniquitas in arbitrio pretii.

Pretio quidem principali, aliquid incertum tanquam accessorium adjici potest, undè valet hujus modi emptio : « *Esto mihi fundus emptus centum et quanto pluris vendidero.* »

Certum autem pretium intelligitur, quod determinari poterit quamvis de eo inter contrahentes nondùm constet. Scilicet : « *Quanti tu cum emisti.* » Dummodo, res de quâ agitur, ad te non donationis nomine pervenerit.

3° (*In pecuniâ numerata constitutum.*) Emptio rebus fieri non potest, nam in emptione-venditione discerni debet, uter sit emptor, uter venditor, quod, nisi merx a pretio discernatur, impossibile est. Itaque si quis togam dedit, ut tunicam acciperet; hoc esse permutationem rectè existimat Proculus.

Præter pretium principale, emptor, ad aliquid dandum, vel faciendum obligari potest. Denique, vice constitutæ pecuniæ, aliud solveri potest, nisi consentiat venditor.

§ V. — *De consensu.*

In venditionibus et emptionibus consensum debere intercedere palàm est. Alioquin sivè in ipsa emptione dissentiant, sivè in pretio, sivè in quo alio, emptio imperfecta est. Igitur emptio-venditio non valet, si in emptione contrahentes in hoc dissentiant, ut alter alteri præstare rem pro domino habere licere, alter alteri vicissim pretium dare obligetur.

Nec valebit contractus, si alter alio pretio vendere, alter alio emere intelligat; nisi tamen decem et quinque offerat emptor, quum venditor de decem solummodo censerit.

Consensus etiam requiritur in re quæ væneat. Igitur emptio-venditio non erit, nisi in corpore uter consentiat.

Error quidem in materia contractum vitiat, ut puta, si œs pro auro væneat. Secus est si aurum quidem fuerit, deterius autem quam emptor existimaverat; hæc enim emptio valet, quamvis de qualitate accidentali erratur.

§ VI. — *De arrhis.*

Arrham definit Cujacius, id quod antè pretium datur, et fidem facit contractus facti, et totius pecuniæ solvendæ.

Quod arrhæ nomine datur, jure pristino, argumentum est emptionis et venditionis contractæ; etiam emptorem pænitere non licet. Jure Justinianeo, semper pænitentiæ locus est, ita ut, si is qui dedit, recuset contractum perficere, amittat arrhas; si contra recuset qui accepit, reddat duplicatas.

§ VII. — *De periculo et commodo rei venditæ.*

Emptione perfecta, res emptori perit, quamvis non tradita, nisi mora esset in tradendo culpa venditoris; hoc in emptionibus-venditionibus purè contractis obtinetur. In conditionibus autem res pendente conditione, venditori perit.

POSITIONES.

An traditio rei alienæ venditæ, ad emptorem dominium transferre possit? — Minimè.

An tutor rempupilli emere possit? — Non licet.

An rebus emptio fieri possit? — Negativè.

Quid juris, si in materia erratur? — Non stat venditio, error in qualitate accidentali contractum non vitiat.

Emptorem-ne pænitere possit quum dedit arrhas? — Affirmativè.

CODE NAPOLÉON.

De la propriété.

Liv. II, Tit. II (art. 544 à 564).

CHAPITRE PREMIER.

§ Ier — *Origine et progrès de la propriété.*

Le droit de propriété a son fondement dans la loi naturelle. Pour nous, voilà le principe incontestable pris dans les faits. En remontant au point de départ, à la naissance de la société, il est facile de se convaincre que la propriété est un droit juste, inviolable, et non point simplement une convention.

Primitivement, tous les hommes eurent sur les choses qui les entouraient un droit égal; la terre n'appartenait à personne, et ressemblait, suivant l'expression de Cicéron, à un vaste théâtre dont les places appartiennent au premier occupant. Pressés par d'impérieux besoins, il était naturel que les hommes se servissent des produits de la terre. Dans cet état primitif, celui qui s'emparait le premier d'une chose acquérait sur elle un droit de préférence que les autres devaient respecter.

De cet état de communauté négative à la propriété stable et permanente, la transition est grande. Nous essaierons de suivre cette transformation dans ses développements. A mesure que le nombre des hommes se multiplie, les fruits naturels de la terre ne peuvent suffire à la subsistance des habitants. Dès-lors, la nécessité d'une culture régulière se fait sentir. L'homme dût essayer d'améliorer les productions du sol en le fertilisant par son travail. Ainsi, à la propriété mobilière du monde succède la propriété immobilière du peuple agriculteur.

L'homme choisit donc un territoire, où il élève sa demeure et où il se fixe avec sa famille. Ce n'est plus ici le cas d'une occupation passagère. La culture forme un lien plus fort et plus durable. Le pouvoir de l'homme, sur la matière qu'il a travaillée, est une sorte de vérité morale; pourquoi en serait-il autrement lorsque le travail s'applique à une terre vacante et accessible au premier occupant? Quand ses soins ont amélioré le sol, serait-il juste qu'on pût lui ravir le résultat d'un travail opiniâtre et intelligent? N'est-il pas fondé à se croire propriétaire du sol et des produits qu'il en recueille, puisque son titre à cette propriété a pour fondement l'occupation et le travail? La raison lui dit qu'il a droit et qu'il est le seul maître de la parcelle à laquelle il a imprimé comme le cachet de sa personnalité. Il est donc incontestable qu'il a dû faire sortir de l'indivision générale le terrain défriché. Ici l'on a dû appliquer, par droit de premier occupant, l'investiture de la propriété foncière, comme quand il s'agit de la saisine d'un objet mobilier, qui n'appartenait encore à personne. Autrement, qui aurait voulu consommer ses forces dans un travail souvent stérile, si un autre fût venu lui ravir le prix de ses fatigues.

Il est conforme à la justice d'attribuer à chacun ce qu'il a acquis par de penibles labeurs. Mais suffit-il que chacun puisse conserver ce qu'il a gagné au prix de son travail ? Non, évidemment; le genre-humain se perpétue par la famille, et si l'homme ne pouvait transmettre à ses enfants ce qui lui appartient, il ne serait jamais pleinement satisfait. Les droits des premiers hommes ont passé à leurs descendants, et l'exercice de ces droits chez ces descendants, pas plus que l'occupation et le travail des ancêtres, ne constitue une usurpation. Est-il besoin de faire remarquer que la suppression de la propriété héréditaire conduirait à des résultats désastreux ? Qu'on se représente l'amour d'un père pour ses enfants, les privations qu'il s'impose avec courage pour leur faire un avenir et leur conserver une position de fortune convenable. Ces considérations suffiront à démontrer que pour supprimer le droit de succession il faudrait enlever du cœur de l'homme les plus beaux sentiments dont la nature s'est plue à l'orner.

Nous avons établi que le pouvoir de l'homme sur le sol est légitime et incontestable, quand il a pour fondement l'occupation et le travail. Il s'est trouvé pourtant des hommes qui ont qualifié d'usurpation le fait de celui qui a possédé la terre et l'a faite sienne. Selon eux, le sol ne serait pas susceptible d'une appropriation privée. Cette doctrine subversive de toute idée d'ordre, entraînerait la société dans l'anarchie. Sous quelque point de vue qu'on l'envisage, la communion de propriété ne pourrait exister un seul jour, sans être la cause inévitable d'un déchirement absolu de la société.

Il suffit de lire l'histoire de la législation de ce droit de propriété, pour bien se convaincre de la haute importance qu'il eut toujours dans l'ordre civil et politique. Tous les peuples lui ont accordé une protection des plus efficaces. En présence de ces suffrages, est-il permis de penser que le genre humain soit tombé dans l'erreur sur un point de doctrine si expérimental?

L'antiquité ne nous offre qu'un exemple par lequel on ait dérogé à ces principes : je veux parler des lois de Lycurgue. Ce législateur avait déclaré que le vol serait impuni, pourvu qu'il fût commis avec adresse. On comprend qu'une pareille disposition devait produire des conséquences fatales; en l'absence de toute sécurité sur la possession des objets mobiliers, les discussions étaient fréquentes. Aussi, quand on jette un coup-d'œil sur l'histoire, on est frappé du peu de confiance que les autres nations accordent au peuple Grec, dont les relations paraissaient toujours suspectes. C'est là la cause primitive des reproches flétrissants adressés aux Grecs par Virgile. C'est de là aussi, lorsqu'on veut qualifier un homme *fourbe*, que nous vient un adage trop vulgaire pour être rappelé. Ces remarques, futiles en apparence, ne sont pourtant pas absolument étrangères à notre sujet. Ne nous montrent-elles pas, en effet, de quelle importance est le maintien des principes du droit naturel?

Si l'on fait abstraction de ce cas tout particulier, on voit que les lois de tous les peuples sont unanimes dans la protection du droit de propriété. La loi des XII Tables était pour ainsi dire barbare dans ses mesures de rigueur. Dans le dernier état de la jurisprudence romaine, le droit de propriété se liait de la manière la plus intime, à l'organisation politique. Au reste, s'il nous fallait d'autres preuves du caractère sacré de ce droit, nous pourrions à l'appui de notre thèse trouver de puissants arguments dans sa stabilité, au milieu des plus grandes agitations politiques. Dans le cours d'une révolution, il peut bien se faire que des esprits exaltés par les passions, essaient de porter atteinte à la propriété foncière; mais vains efforts! leurs théories erronées sont repoussées par les Assemblées Législatives. Aux époques les plus agitées de notre histoire, la consécration légale de ce droit reste inébranlable : La Convention Nationale dispose dans la déclaration des droits du 24 juin 1793 :

« Art. 16. Le droit de propriété est celui qui appartient à tout citoyen de jouir et de disposer à son gré de ses biens, de ses revenus, du fruit de son travail et de son industrie.

» Art. 19. Nul ne peut être privé de la moindre portion de sa propriété sans son consentement, si ce n'est lorsque la nécessité publique légalement constatée, l'exige évidemment, et sous la condition d'une juste et préalable indemnité. »

De ces termes à ceux de notre droit civil, il n'y a qu'une différence de mots.

§ II. — *Définition et analyse du droit de propriété.*

Pour donner à la propriété le caractère de stabilité que nous lui voyons aujourd'hui, il fallut des lois positives. Le besoin d'assurer au cultivateur le fruit de son travail, fit sentir la nécessité d'une sanction civile. Dans l'état primitif, la propriété se perdait avec la possession, en sorte qu'il n'existait aucune différence entre ces expressions. Le droit civil en forme deux choses distinctes et indépendantes ; il veut que la propriété une fois acquise, ne puisse point se perdre sans le fait du propriétaire. Cette importante maxime réduit la possession à l'état d'un simple fait, tandis qu'elle considère la propriété, comme un droit qui existe, indépendamment de l'exercice qu'on peut en faire.

La propriété, comme l'indique l'étymologie du mot, consiste dans ce qui nous est propre à l'exclusion de tous autres. Le droit de propriété, considéré au point de vue juridique, présente deux caractères principaux dans lesquels se résument tous les autres ; il est absolu et exclusif : absolu, c'est-à-dire que le propriétaire peut disposer de sa chose comme il lui plaît, dût-il l'anéantir complètement. C'est ce qu'exprime l'art. 544 : « La propriété est le droit de jouir et de disposer de choses de la manière la plus absolue. » Toutefois, le propriétaire qui userait mal de ses biens sans profit pour lui, ni pour les autres, pour n'être point civilement responsabble, n'en serait pas moins répréhensible au point de vue moral ; car l'abus déraisonnable des choses qui nous appartiennent, peut être impuni, mais il n'est jamais permis. La loi, par respect de la liberté, ne pouvait prévoir que les abus les plus saillants et les plus dangereux. En secon lieu, avons-nous dit, ce droit est exclusif, c'est-à-dire que le propriétaire seul a droit sur son bien, et que nul autre ne saurait y participer. En effet, comment la jouissance de l'un pourrait-elle se concilier avec la jouissance de l'autre.

Malgré son respect pour le droit de propriété, le législateur a dû, dans l'intérêt général, lui imposer des restrictions. La plus grave est, sans doute, l'expropriation pour cause d'utilité publique, mais la loi a pris de si sages mesures que le propriétaire exproprié n'a pas droit de se plaindre. L'expropriation étant prononcée par les tribunaux civils, il est assuré de n'être exproprié que lorsque l'utilité l'exige impérieusement; et, dans ce cas, il n'est forcé de livrer sa chose qu'après avoir reçu une juste indemnité. Les autres restrictions résultent des lois administratives; c'est ainsi que tout propriétaire peut être forcé de placer ses constructions sur l'alignement fixé par l'autorité compétente; que le dessèchement d'un marais peut être ordonné aux frais du propriétaire, et malgré lui, etc.

Le droit de disposer renferme celui d'aliéner. Le propriétaire qui peut aliéner son droit en entier, peut, à plus forte raison, ne l'aliéner qu'en partie; il est libre de renoncer, en faveur d'un tiers, à quelques-uns des actes que comprend le droit de propriété, et de lui donner le droit de les exercer exclusivement ou en commun. C'est de là que dérivent les servitudes personnelles et réelles. D'après ces principes, on divise la propriété en deux espèces : propriété parfaite, propriété imparfaite.

Elle est parfaite, lorsque le propriétaire n'est gêné dans l'exercice d'aucun des droits qu'elle renferme. Elle est imparfaite dans le cas contraire.

Nous venons de voir l'étendue du droit de propriété sur la chose même qui en est l'objet; mais là ne se bornent pas ses effets. L'article 446 est ainsi conçu : « La propriété d'une chose, soit mobilière, soit immobilière, donne droit sur tout ce qu'elle produit, et sur ce qui s'y unit accessoirement, soit naturellement, soit artificiellement. » Ainsi le propriétaire de la chose principale acquiert, par la force même des faits : 1° tout ce qui est produit par la chose; 2° tout ce qui vient s'y rattacher comme accessoire. Ce droit s'appelle droit d'accession.

CHAPITRE II.

De l'accession.

Quelques auteurs s'appuient sur la législation romaine pour contester l'existence de ce droit comme moyen naturel d'acquérir. Ils se fondent sur ce que le mot *accessio*, employé dans les lois romaines, désigne la chose réunie comme accessoire, et non le fait de la réunion. Comme expression latine, il se peut que le mot *accessio*, pris dans le sens qu'on lui donne aujourd'hui, doive être condamné. Néanmoins, dans notre droit et dans notre langue, le mot d'accession est consacré, et rend parfaitement l'idée. Vainement on dira que la chose accessoire réunie périt dans son individualité, et qu'il n'y a point de translation; cette chose n'existe pas moins avec une nature différente, et par suite il y a translation de propriété, car elle est comme aliénée par l'un et acquise par l'autre. Cette théorie, généralement consacrée, a passé dans nos codifications modernes, et notamment dans notre Code Civil.

§ I. — *Du droit d'accession sur ce qui est produit par la chose.*

Les fruits sont les produits périodiques d'une chose, c'est-à-dire tout ce qui naît et renaît périodiquement d'elle. Les uns sont le produit spontané de la terre, tels que les bois, les foins; on les appelle fruits naturels. D'autres ne peuvent être récoltés que quand la terre a été fécondée par les travaux de l'homme, tels que les moissons; ce sont des fruits industriels. Enfin, d'autres ne sont qu'une valeur représentative de la chose, tels que loyers de maison, arrérages de rente; cette dernière espèce est désignée sous le nom de fruits civils.

Les trois espèces de fruits que nous venons d'énumérer sont attribués au propriétaire par droit d'accession. A l'égard des fruits industriels, il peut se faire que les dépenses qu'ils ont occasionnées émanent d'un tiers; dans ce cas, le principe, que nul ne peut s'enrichir aux dépens d'autrui, serait formellement violé, si le propriétaire n'indemnisait le tiers de ses avances. Le droit des tiers, dans ce cas, jouit même d'une telle faveur, que la loi leur donne un privilége, en vertu duquel ils sont payés avant les autres créanciers du propriétaire. Ces règles ne s'appliquent guère qu'à celui qui a ensemencé le fonds d'autrui de mauvaise foi; car nous allons voir d'autres dispositions plus favorables relativement au possesseur de bonne foi.

L'application des principes de l'accession conduirait à des résultats bien rigoureux, lorsque la chose est possédée de bonne foi par un tiers. Dans ce cas, en effet, la répétition des fruits serait ruineuse, si la possession a duré longtemps. Aussi la loi, se fondant sur des sentiments d'humanité, et sur l'intérêt de l'agriculture, décide que le possesseur fera les fruits siens par le seul fait de la perception. C'est là une dérogation au droit rigoureux de propriété, et il importe de bien apprécier la pensée de cette exception. Et d'abord, quand le possesseur est-il de bonne foi? L'art. 550 nous apprend que c'est quand il possède en vertu d'un titre translatif de propriété, dont il ignore les vices. La loi veut donc que l'erreur repose sur quelque chose d'apparent. Il faudrait que le titre, dont parle l'article, eût été réellement translatif de propriété, s'il eût été valable, comme par exemple une vente, une donation. Il faut, de plus, qu'il ignore les vices de l'acte, c'est-à-dire le défaut de qualité de celui avec lequel il a traité.

Comment le possesseur cesse-t-il d'être de bonne foi? Notre ancienne législation avait posé à cet égard une règle précise, car il fallait une mise en demeure pour mettre un terme à la bonne foi. Mais, d'après les principes de notre Code, il suffit que le possesseur ait connaissance des vices de sa possession, quelle que soit la circonstance qui la lui procure. Ce n'est donc plus qu'une question purement de fait, que les tribunaux décident souverainement d'après les circonstances.

Le possesseur de mauvaise foi est obligé de rendre au propriétaire qui l'évince, tous les fruits qu'il a perçus. Quant au motif de la différence que la loi établit entre le possesseur de bonne foi et le possesseur de mauvaise foi, il est facile à expliquer. Le possesseur de bonne foi qui considère comme siens les fruits qu'il perçoit, les capitalise rarement; si donc il fallait que le possesseur rendît, après plusieurs années de possession, la masse des fruits qu'il a perçus, cette restitution serait ruineuse. Le possesseur de mauvaise foi n'est pas dans la même condition; il sait qu'il aura une restitution à faire, c'est à lui, par conséquent, à se mettre en mesure de la faire sans dommage pour lui-même.

§ II. — *Du droit d'accession relativement aux choses immobilières.*

Le droit de propriété ne s'étend pas seulement sur la chose qui en est l'objet, ou sur les produits de cette chose; il est encore doué d'une sorte de force attractive, qui fait acquérir la chose d'autrui au propriétaire, lorsqu'elle vient s'unir et s'incorporer à la sienne. Le droit d'accession, considéré par rapport aux choses immobilières, s'applique, d'après les dispositions du Code : « 1° Aux constructions et plantations; 2° aux accroissements survenus par suite du voisinage des eaux; 3° aux animaux qui abandonnent leur maître primitif. Mais avant d'examiner ces diverses hypothèses, nous ferons quelques observations sur le principe général de l'art. 552, qui dit : « La propriété du sol emporte la propriété du dessus et du dessous. » Cette règle forme le droit commun de la propriété; mais elle souffre des exceptions. En effet, une maison peut appartenir, comme superficie, à un autre qu'au propriétaire du sol. Le propriétaire, ajoute l'article, « peut faire au-dessous toutes les constructions et fouilles qu'il juge à propos, sauf les modifications résultant des lois et règlements relatifs aux mines. » La loi réserve les mines; car c'est là une richesse sociale de la plus haute importance, et on ne pouvait en laisser l'exploitation au propriétaire du terrain, sans s'exposer à la compromettre.

Première Hypothèse. — « Toutes constructions, plantations et autres ouvrages, placés sur un terrain ou au dessous, sont réputés être l'œuvre du propriétaire, et lui appartenir. » Cette présomption de la loi est une conséquence du principe précédemment posé. Il peut résulter deux espèces bien différentes : 1° Les ouvrages en question peuvent avoir été faits par le propriétaire, mais avec des matériaux qui n'étaient pas à lui; 2° ils peuvent être l'œuvre d'un tiers qui n'est pas le propriétaire du sol.

1° « *Le propriétaire a employé des matériaux qui n'étaient pas les siens.* » — Dans ce cas, celui à qui ils appartenaient n'a pas le droit de les reprendre. La loi considère que tout ce qui est bâti sur le sol en devient l'accessoire. Tout ce qui est permis à l'ancien propriétaire, c'est d'exiger le paiement de la valeur des matériaux, et, s'il y a lieu, d'autres dommages intérêts. Que peut-il exiger de plus? dans quel but demanderait-il la destruction du bâtiment? Il n'en retirerait aucun profit, et elle serait ruineuse pour le propriétaire.

2° « *Un tiers a construit avec ses matériaux sur le sol d'autrui.* » — Il est un principe certain, c'est que le propriétaire du sol a toujours le droit de garder ces constructions. Toutefois, comme il ne peut s'enrichir aux dépens d'autrui, une indemnité sera due. Mais le propriétaire sera-t-il toujours tenu de garder ces constructions, et quelle sera la mesure de l'indemnité? La solution de ces questions dépendra de la bonne ou mauvaise foi du tiers-possesseur. Ce dernier est-il de mauvaise foi, le propriétaire aura droit de lui dire : Supprimez vos constructions, et donnez-moi des dommages-intérêts pour le préjudice que vous m'avez causé. Sa mauvaise foi ne le rend digne d'aucun intérêt, et il a volontairement couru les chances qu'il subit. Mais, dans le même cas, si le propriétaire veut conserver les travaux, il devra compte du prix des matériaux et de la main-d'œuvre.

Toute autre est la solution, si le possesseur est de bonne foi; le propriétaire n'a plus la plus faculté de demander la suppression des travaux. Il faut qu'il opte entre le remboursement du prix des matériaux et de la main-d'œuvre, et le paiement de la plus-value. Au premier abord, ce règlement de l'indemnité à payer au constructeur paraît étrange, et l'on est porté à se demander comment la loi place celui qui a construit de bonne foi, dans une position inférieure à celle du constructeur de mauvaise foi. La réponse est facile, c'est que, dans ce dernier cas, le propriétaire saura toujours bien amener son adversaire à composition. Il lui dira : « Détruisez votre ouvrage, ou acceptez le prix que je vous offre. » En supposant que la question de bonne ou de mauvaise foi du constructeur ne serait pas jugée, le propriétaire n'aurait pas besoin de recourir à cette menace de démolition, pour le forcer de se contenter de la plus-value. Ne pourrait-il pas, en effet, le qualifier de constructeur de bonne foi, et celui-ci serait-il reçu à se plaindre du titre d'honnête homme qu'on lui donne?

Supposons que les travaux émanent d'un tiers de mauvaise foi, mais que leur nature soit telle qu'on ne puisse les enlever. Il ne faut point dire que le propriétaire pourra en profiter sans payer une indemnité; un tel résultat serait contraire à l'équité. Il faut remarquer que l'article 555 n'autorise jamais le propriétaire à conserver les travaux sans payer, soit la plus-value, soit le prix des matériaux et de la main-d'œuvre. D'ailleurs, il est un principe d'équité dont nos lois font souvent l'application, c'est que nul ne peut s'enrichir aux dépens d'autrui.

Nous examinerons une dernière question sur cette matière. Il s'agit de savoir si le tiers-détenteur qui a fait des impenses, peut retenir le fonds jusqu'à parfaite indemnité. Quelques auteurs soutiennent l'affirmative; l'opinion contraire doit prévaloir devant un examen sérieux des textes; le droit de rétention constitue un privilége, et il n'y a de priviléges que ceux établis par la loi.

Mais que faudrait-il décider d'un ouvrage d'art, tel qu'une statue qui aurait été employée dans une construction chez autrui ? S'il s'agit d'un ouvrage précieux, difficile à remplacer, le propriétaire pourra le reprendre, la construction devrait-elle en souffrir. Cette faculté lui sera toujours accordée, si elle avait été placée dans une niche ou sur un piédestal. La même solution doit s'appliquer aux plantes rares et précieuses.

Deuxième Hypothèse. — *Accroissements survenus par suite du voisinage des eaux.*

Les principes du Code en ce qui concerne cette matière sont faciles à justifier. Les eaux causent souvent de grands dommages (il faut fuir les grands seigneurs et les grandes rivières, disait-on, au moyen-âge), et il est naturel que les propriétaires riverains reçoivent comme compensation quelques avantages : « L'alluvion profite dans tous les cas au propriétaire riverain, dit l'art. 556. » Peu importe que la rivière soit navigable, flottable ou non; seulement, dans le premier cas, il faut laisser le chemin de hallage. L'art. 557 prévoit le cas où la rivière abandonne peu à peu l'une de ses rives pour se porter sur l'autre ; la loi laisse aux riverains les chances de ces accidents. La rive est en quelque sorte flottante, et peut s'augmenter ou diminuer.

Nous voyons que l'alluvion peut être l'objet, non-seulement d'atterrissements, mais encore de *relais*, c'est-à-dire de ces portions de terrain que découvre l'eau courante en se portant insensiblement de l'une de ses rives vers l'autre. Les règles établies reçoivent exception dans les deux cas suivants : 1° L'alluvion n'a pas lieu à l'égard des lacs et étangs, dont les limites sont certaines. Dans les eaux courantes, le mouvement rend la chance à peu près égale, entre les propriétaires des deux rives opposées, ce qui ne se produirait pas dans le cas de l'art. 448; 2° un fleuve vous enlève votre champ en tout ou en partie et le porte vers un champ inférieur et sur la rive opposée : dans cette circonstance, la loi vous en conserve la propriété, à la condition de faire votre réclamation dans le délai d'une année. Un plus long délai eût pu établir la confusion entre les deux fonds. L'art. 557 dispose que l'alluvion n'a pas lieu à l'égard des relais de la mer ; c'est là un vice de rédaction, car la loi ne veut dire autre chose, sinon que les propriétés privées contiguës à la mer ne profitent pas de l'alluvion par une conséquence de l'art. 538 qui les considère comme des dépendances du domaine public. Il n'est donc point dérogé aux principes de l'alluvion, puisque les relais profitent à l'Etat, c'est-à-dire au propriétaire.

La dernière espèce d'accession immobilière, occasionnée par le mouvement des eaux, est la formation des îles dans les fleuves ou rivières. A cet égard, le Code distingue entre les rivières navigables et flottables, et celles qui ne le sont pas. Dans le premier cas, l'île appartient à l'Etat, car elle n'est qu'un accessoire du lit qui est une dépendance du domaine public. L'art. 556 fait observer que cette partie qui se change ainsi en île, ne pouvant plus servir aux besoins de la navigation, « *devient prescriptible et aliénable.* » Quant aux îles formées dans les rivières non navigables, ni flottables, la loi l'attribue aux riverains.

Il ne faudrait pas en conclure que les rivières non navigables appartiennent aux propriétaires riverains. La Cour de Cassation a décidé qu'elles n'appartenaient à personne, et rentraient dans la classe des objets dont parle l'art. 714. L'Etat et les riverains y ont des droits de part et d'autre.

La loi, dans l'art. 462, suppose une rivière qui forme un bras nouveau, et qui embrasse ainsi la propriété d'un riverain; elle décide qu'il conserve sa propriété ; il n'a pas même besoin de manifester son droit de propriété dans un délai déterminé. L'art. 563 contient une disposition équitable : dans le cas où une rivière abandonne son ancien lit, et se forme un nouveau cours, les propriétaires des fonds nouvellement occupés prennent, à titre d'indemnité, l'ancien lit abandonné, chacun dans la proportion du terrain qui lui a été enlevé.

TROISIÈME HYPOTHÈSE. — Le dernier article de notre section prévoit le cas où certaines espèces d'animaux abandonnent leur propriétaire primitif pour passer chez un autre, et elle en attribue la propriété à ce dernier : cette règle s'applique aux pigeons, lapins, poissons, cerfs, etc. Le motif de cette disposition tient à ce que ces animaux qui jouissent de leur liberté naturelle, son réputés l'accessoire de la garenne, du colombier, du parc qu'ils habitent; seulement, s'ils avaient été attirés par fraude, par exemple, au moyen d'animaux de leur espèce apprivoisés, le propriétaire lésé pourrait les réclamer. On ne doit point admettre que le nouveau possesseur coupable d'artifice puisse éviter de restituer, en donnant des dommages-intérêts.

QUESTIONS.

Qu'appelle-t-on communauté négative

Quelle est la différence entre la propriété et la possession; entre la propriété parfaite et imparfaite ?

Les principes de l'accession ne reçoivent-ils pas une exception lorsqu'il s'agit de plantes rares, d'un ouvrage d'art ? — Oui.

Est-il dérogé au droit d'accession à l'égard des relais de la mer ? — Non.

Pourquoi l'accession n'a-t-elle pas lieu à l'égard des lacs et étangs?

PROCÉDURE CIVILE.

DES EXCEPTIONS.

Des renvois, des nullités (liv. 2, tit. 9).

Dans le langage du droit, on entend par *exception* tous les moyens par lesquels le défendeur, sans entrer dans la discussion de la demande, établit que le demandeur ne doit pas être admis à le poursuivre. Il ne faut pas confondre ces défenses avec les défenses au fond, qui tendent à prouver que la demande n'est pas fondée en droit ou en fait; au contraire, celles dont il est question dans notre thèse, ont pour but de différer l'instruction, et, par suite, de fournir un délai à la partie qui en fait usage. En d'autres termes, une exception est bien un moyen de défense, mais toute défense n'est pas une exception.

§ I. — *Des renvois.*

Avant d'exposer la théorie du Code de Procédure sur les *renvois*, il faut déterminer le vrai sens de ce mot. La loi qualifie de demande en renvoi toute défense fondée sur l'incompétence du juge, soit à raison du domicile ou de la matière, soit à raison de la litispendance ou de la connexité. Le Code appelle ici *renvoi* ce qu'on appelle plus généralement *déclinatoire ;* cette dernière expression est préférable comme plus exacte et plus précise. En effet, le *renvoi* semble emporter l'idée de l'indication précise d'un tribunal devant lequel les parties sont renvoyées, tandis que dans les renvois dont la loi s'occupe ici le tribunal se borne à déclarer son incompétence, laissant aux parties à se pourvoir devant qui de droit.

Incompétence. — Toute question d'incompétence présente deux aspects différents. Quelle est la juridiction qui est compétente pour connaître de telle ou telle nature de procès? A quels juges, au nombre de tous ceux qui appartiennent à telle classe de juridiction, doit-on déférer telle ou telle affaire? Indiquer ces deux questions, c'est dire qu'il existe deux espèces d'incompétence : l'une *ratione materiæ;* l'autre *ratione personæ.*

Il y a incompétence absolue ou *ratione materiæ* lorsque, contrairement aux lois d'organisation, on saisit d'un procès une juridiction qui, par des considérations d'intérêt général, n'a pas droit de connaître de l'affaire en litige; comme elle intéresse au plus haut point l'ordre public, il s'ensuit qu'elle ne peut point être couverte par le silence des parties. Aussi l'art. 170 dispose-t-il que, dans ce cas, le renvoi peut être demandé en tout état de cause, même sous l'appel. Si le renvoi n'est pas demandé, le tribunal, d'après le même article, doit se dessaisir dès qu'il ressort des débats que la nature de l'affaire ne rentre pas dans ses attributions. En effet, il ne pouvait dépendre des particuliers, par un consentement formel ou tacite, de renverser l'ordre des juridictions. Cette incompétence peut être invoquée non-seulement par le défendeur, mais même par le demandeur, qui a mal à propos saisi le tribunal. Ce principe est incontestable, puisque d'office le tribunal est obligé de se déclarer incompétent; seulement, il est bien évident que le demandeur devra payer tous les frais qu'il aura mal à propos nécessités.

Il y a incompétence relative ou *ratione personæ* lorsque, entre les tribunaux de la même juridiction, on saisit celui qui, par des motifs d'intérêt privé, n'a pas spécialement mission de connaître de l'affaire, mais qui connaît d'affaires semblables. Cette incompétence, à raison de la personne, est parfaitement étrangère à l'ordre des juridictions. Aussi, aux termes de l'art. 169, la demande doit être formée préalablement à toutes autres exceptions et défenses, c'est-à-dire que le défendeur, en plaidant au fond, renonce tacitement à un bénéfice personnel, et se rend non recevable à l'invoquer. Dans ce cas, le déclinatoire ne peut jamais être proposé que par le défendeur lui-même, car le demandeur qui assigne devant un tribunal incompétent, couvre par là même cette incompétence lorsqu'elle peut être couverte. Le tribunal, bien qu'il n'y soit pas tenu, peut suppléer l'exception d'office; on ne concevrait pas, en effet, qu'il fût obligé de juger des plaideurs qui ne sont pas nécessairement ses justiciables.

La distinction fondamentale, que nous venons d'établir entre ces deux genres d'incompétence, nous servira à déterminer les caractères auxquels on doit distinguer l'une de l'autre. Ainsi, quand on porte devant un tribunal de commerce une question qui rentrait dans la juridiction civile, ou bien devant l'autorité judiciaire un différend qui était de la compétence de l'autorité administrative, ou bien encore lorsqu'on soumet aux justices de paix un différend qui devait être porté devant des prud'hommes. Dans tous ces cas il y a une incompétence qui tient à la nature, à la qualité de l'affaire en litige. C'est donc une incompétence *ratione materiæ* soumise aux règles que nous avons établies ci-dessus.

Il y a incompétence relative ou ratione personæ dans trois cas bien distincts. D'après le Code de Procédure, le déclinatoire pourra être proposé lorsque le tribunal ne pourra connaître de l'action ; soit : 1° parce que l'action étant *personnelle*, le défendeur n'aurait pas son domicile dans le ressort du tribunal ; 2° parce qu'étant *réelle*, l'objet litigieux ne serait pas dans le ressort ; 3° parce qu'étant *mixte*, le défendeur n'y serait pas domicilié, et la chose n'y serait pas située.

Dans les exemples cités plus haut, l'incompétence matérielle n'est contestée par personne. Mais il arrive que l'intervention des juridictaires est moins manifeste. Ainsi on s'est demandé si un tribunal civil peut connaître d'une affaire commerciale, lorsque les parties ont procédé volontairement devant lui, bien qu'il y ait un tribunal de commerce dans la même ville? La négative a été soutenue par quelques auteurs ; l'opinion contraire doit être préférée. En effet, il ne s'agit point ici d'une incompétence radicale, si l'on considère que les tribunaux civils ont la plénitude de la juridiction ; que les tribunaux de commerce créés pour l'intérêt des parties n'ont reçu qu'une faible dérivation de la juridiction régulière des tribunaux civils ; qu'enfin, un tribunal civil est toujours compétent pour une affaire commerciale, dans les lieux où il n'y a pas de tribunal de commerce. L'incompétence, si l'on veut, est bien, en quelque sorte, à raison de la matière, mais elle est relative en ce sens du moins qu'un tribunal ne sera pas forcé de prononcer le renvoi d'office.

Si l'appel d'un jugement était porté devant une cour royale, autre que celle du ressort, dans la rigueur des termes il n'y a pas d'incompétence *ratione materiæ*, car toutes les cours royales sont des tribunaux du même ordre ; mais la cour, mal à propos saisie, ne pourrait s'occuper de l'appel sans excès de pouvoir, puisque les juges dont on aurait appelé ne lui seraient pas subordonnés. Or, l'*excès de pouvoir* est un vice tout aussi grave que l'incompétence.

Litispendance. — Il y a litispendance lorsque la demande introduite devant un tribunal est déjà pendante devant un autre pour la même cause, et entre les mêmes parties. Dans ce cas, le renvoi pourra être demandé au tribunal dernier saisi ; cette exception a pour but d'éviter la contrariété de deux décisions judiciaires qu'il serait impossible d'exécuter simultanément. Il arrive souvent que la litispendance se confond avec l'incompétence, car rarement deux tribunaux sont compétents pour connaître d'une même affaire, alors il n'y aura pas d'utilité à alléguer la litispendance. Pourtant, il y a des cas où l'exception d'incompétence étant inapplicable, celle de litispendance sera nécessaire. Il en sera ainsi lorsque l'action étant mixte, il y aura conflit de compétence entre les deux tribunaux, ou bien lorsque deux défendeurs en matière personnelle, auront été assignés tous deux devant leurs tribunaux respectifs, ou bien encore lorsque l'incompétence *ratione personæ* du premier tribunal a été couverte par la défense.

Connexité. — Il y a connexité lorsque les demandes, quoique non identiques, ont entre elles une liaison si étroite que l'une semble être subordonnée à la décision de l'autre. Exemple : un vendeur demande la rescision au tribunal du domicile de l'acheteur, et celui-ci intente à son tour, devant le tribunal du domicile du vendeur, une action en remise des titres. C'est, dans tous les cas, le tribunal saisi le second qui sera tenu de se dessaisir. Quelques auteurs veulent pourtant que l'exception puisse être proposée devant le tribunal premier saisi, quand la contestation soumise à celui-ci n'est que l'accessoire d'une contestation plus importante soumise devant l'autre tribunal. Il peut se faire que l'une des parties ne figure pas dans les deux causes, et la connexité n'en existera pas moins. Soit un débiteur actionné devant le tribunal de son domicile, et cité plus tard, par un second créancier devant le tribunal du domicile élu dans le contrat en paiement de la même somme. Ce débiteur ne peut s'exposer à être condamné à payer la même somme à des personnes différentes.

La loi ne dit pas à quel instant de la cause ces deux dernières exceptions doivent être proposées. Il faut décider que le défendeur pourra les invoquer pendant toute la durée de l'instance, car il s'agit d'ordre public. Il pourra arriver, d'ailleurs, que l'existence de ces exceptions ne se révèlera que dans le cours de l'instance. Toute demande en renvoi devra être jugée d'une manière expéditive, c'est le sens du mot *sommairement* de l'art. 172 ; de plus, elle devra être jugée au préalable, afin que la partie dont le déclinatoire serait refusé puisse, en interjetant appel, arrêter la décision du fond. On admet pourtant qu'un tribunal civil pourrait statuer par un seul jugement dans les matières où l'exécution provisoire est prescrite.

§ II. — *Des nullités.*

La disposition de l'art. 173 s'applique aux exceptions fondées sur la nullité d'un exploit ou d'un acte de procédure. On comprend très bien cette demande de nullité, lorsque le défendeur se fonde sur l'une des indications qu'il lui est important de connaître. Mais nous pensons que l'article s'applique aux nullités de pure forme, comme aux nullités substantielles. Il n'y aura pas à distinguer si le vice de l'acte résulte de l'omission de l'objet de la demande ou des noms et prénoms. Dans ce dernier cas, il peut paraître étrange que les nullités de cette nature ne soient point couvertes par la comparution volontaire du défendeur ; pourtant, s'il en était autrement, le défendeur, par un silence calculé, eût pu occasionner des frais inutiles en se laissant condamner par défaut, sauf lors de l'exécution à soutenir qu'il n'a rien reçu, de façon à forcer son adversaire à présenter un original vicieux, qui serait annulé avec tout ce qui l'aurait suivi.

Notre article ne parle pas seulement des nullités qui se trouvent dans l'acte introductif d'instance, il s'applique aussi aux nullités d'actes de procédure, qui sont signifiés dans le cours de l'instance. Relativement à cette dernière classe d'actes, il est clair que la nullité ne pourra être proposée « avant toute défense ou exception autre que les exceptions d'incompétence. » Ces derniers mots de l'article ne sont applicables qu'aux nullités de l'exploit introductif. Toutefois, les nullités survenues pendant l'instance seront couvertes si elles ne sont pas proposées avant la reprise de la discussion sur le fond. Il est indubitable que la nullité, même en la forme de l'acte qui sert de base à la demande, tel qu'un acte d'obligation, une donation, etc., peut être opposée en tout état de cause.

QUESTIONS.

L'incompétence est-elle absolue, ou *ratione materiæ*, lorsqu'une affaire commerciale, au lieu d'être portée devant le tribunal de commerce du lieu, est portée devant le tribunal civil ? — Non.

Les deux exceptions de litispendance et de connexité peuvent-elles être proposées en tout état de cause ? — Oui.

L'exception de litispendance ne concourt-elle pas souvent avec celle d'incompétence ? — Oui.

La comparution du défendeur couvre-t-elle les nullités de l'exploit résultant du défaut d'indication suffisante dans les prénoms, profession et domicile ? — Non.

DROIT CRIMINEL.

Des ordonnances du juge d'instruction quand la procédure est complète (C. d'Inst. Crim., art. 127 à 136).

Dans la procédure préparatoire, lorsqu'il s'agit de rechercher les crimes, les délits, de recevoir les dénonciations qui y sont relatives, le rôle principal appartient au juge d'instruction. La procédure une fois terminée, les différentes preuves une fois réunies, quel est le rôle par lequel le juge va remplir sa mission, et terminer ses pouvoirs ? Telle est la question dont nous avons à nous occuper avec quelques détails.

Avant la loi du 17 juillet 1856, la compétence du juge d'instruction était restreinte aux actes de la procédure préparatoire. Son pouvoir était immense et presque discrétionnaire dans le cercle de l'instruction, mais il ne devait pas en sortir. Il pouvait en certains cas mettre en mouvement l'action publique, mais il ne l'exerçait jamais. La loi que nous venons de citer a étendu, d'une manière notable, les attributions du juge. Au lieu de préparer la décision de la chambre du conseil, il décidera lui-même ; c'est à lui de statuer dans les formes et dans les cas que nous allons examiner, sur les résultats de toutes les poursuites préparatoires.

Sous l'empire de la nouvelle loi, c'est au juge d'instruction qu'il appartient de déterminer la qualification du fait établi par la procédure, et de régler la compétence. Y a-t-il des charges suffisantes pour motiver le renvoi de l'inculpé devant une juridiction de jugement ? Les faits établis présentent-ils les caractères d'un crime, d'un délit, ou d'une simple contravention ? L'action publique n'est-elle pas suspendue par une exception préjudicielle, ou éteinte par la prescription, par l'amnistie, par la chose jugée? L'inculpé ne peut-il invoquer le bénéfice d'une excuse légale ? Tel est l'examen auquel doit procéder le juge d'instruction. Il ne se borne plus à faire ou à ordonner des actes d'instruction, mais il a juridiction complète sur l'information et sur l'action elle-même.

En général, les juges n'ont pas qualité pour statuer d'office sur une opération quelconque d'une procédure criminelle. Les réquisitions du ministère public doivent nécessairement intervenir à deux époques : au seuil de la procédure et à son terme. Quand la procédure est terminée, le procureur impérial doit formuler ses réquisitions avant que le juge puisse statuer. C'est là une prescription impérieuse de la loi. Cette formalité remplie, le juge est pleinement saisi et peut prononcer sans être lié par les conclusions du procureur impérial.

Les décisions que prend le juge d'instruction dans l'exercice de ses fonctions prennent le nom d'*ordonnances*. L'hypothèse d'une ordonnance de non-lieu, est celle indiquée dans l'art. 128 qui prévoit les deux cas dans lesquels elle peut se réaliser : 1° « Si le fait ne présente ni crime, ni délit, ni contravention. » C'est là évidemment la première question que le juge doit se poser, car si le fait n'est pas un délit, un fait prévu par la loi, il est indifférent de savoir si le prévenu est coupable ; « 2° s'il n'existe aucune chose contre l'accusé. » C'est là une question dans laquelle le juge a une grande latitude de pouvoir.

La deuxième hypothèse est celle d'une ordonnance portant qu'il y a lieu à poursuivre. Mais la nature et les effets de cette ordonnance varient dans plus d'un degré selon la nature des faits et la gravité des poursuites que le juge autorise. Il peut se présenter trois cas selon que le fait constitue une simple contravention, un délit ou un véritable crime.

1° Si le fait ne présente que les caractères d'une simple contravention, il est clair que, trompés par les apparences, le juge d'instruction et le ministère public se sont jetés dans une voie irrégulière ; car il n'y a lieu de prendre, ni les mêmes moyens d'instruction, ni les mêmes mesures de précaution, si le fait ne constitue qu'une contravention au lieu d'un délit, un délit au lieu d'un crime. L'unique raison de l'instruction préalable est leur nécessité, et il est tout-à-fait contraire au vœu de la loi d'entrer dans des formes compliquées, quand il ne s'agit que de simples contraventions. Ainsi, dès qu'il sera établi qu'on a fait fausse route, le juge renverra directement l'affaire et le prévenu devant le tribunal de police, qu'on aurait dû saisir directement ; en outre, comme il serait inique d'autoriser une détention préalable à raison d'une simple contravention, le prévenu sera mis en liberté s'il est arrêté ;

2° Si le fait présente les caractères d'un délit, le juge renverra le prévenu devant le tribunal correctionnel compétent. Le fait d'une instruction préparatoire implique presque toujours l'emprisonnement du prévenu frappé d'un mandat de dépôt ou d'arrêt. Dans ce cas, le prévenu devra-t-il attendre sous le poids d'un de ces mandats le jugement du tribunal devant lequel il est renvoyé? Les art. 130 et 131 ordonnent la mise en liberté, si le délit n'est punissable que d'une amende, auquel cas la détention préventive serait injuste, puisque la condamnation même ne peut pas frapper d'emprisonnement.

3º Lorsque le juge, en présence de la gravité du fait et de la responsabilité qu'il entraîne, estime qu'il y a tous les caractères d'un fait qualifié crime, la loi a pensé que l'importance du fait nécessitait un examen plus approfondi. A cet effet, le juge d'instruction ordonne que les pièces d'instruction, le procès-verbal constatant le corps du délit, et un état des pièces servant à conviction soient transmis sans délai par le procureur impérial au procureur général près la cour impériale. Les pièces de conviction ne seront pas transférées au chef-lieu de la cour impériale, afin d'éviter des chances de perte qui seraient très fâcheuses. Dans cette hypothèse, le prévenu antérieurement détenu, restera dans la maison d'arrêt située près du tribunal dont fait partie le juge qui a statué. Comme le prévenu n'a pas à répondre devant la cour impériale, il est fort inutile d'opérer son déplacement; mais lorsque cette cour aura décrété l'accusation, et renvoyé le prévenu devant la cour d'assises, le transport s'opérera de la maison d'arrêt, dans laquelle il était jusque-là, dans la maison de justice établie devant la cour d'assises.

Voilà les différents partis que peut prendre le juge d'instruction, quand la procédure est complète. Dans ces divers cas, quelle est la nature de ses décisions? sont-elles souveraines? peuvent-elles être attaquées? A cette question, la réponse est facile; si la règle de deux degrés de juridiction est réellement utile, c'est surtout lorsque la première sentence émane d'un seul juge. L'art. 135, modifié par la loi du 17 janvier 1856, règle les formes de l'appel contre l'ordonnance du juge. C'est à tort que le Code qualifie d'*opposition* le mode de recours ouvert, soit à la partie publique, soit à la partie privée. Cette expression est inexacte, car il s'agit ici d'un véritable appel, c'est-à-dire d'un recours porté contre la sentence d'un juge inférieur devant des juges d'un degré supérieur.

La nouvelle rédaction de l'art. 135 établit, en règle générale, que toutes les ordonnances du juge d'instruction sont soumises à l'appel. Mais ce droit de recours s'exerce-t-il dans *tous les cas* selon les expressions de la loi? Quelques auteurs ont pensé que la faculté, attribuée au ministère public de former opposition, ne souffrait aucune exception. Cette règle a paru tellement absolue qu'il a été décidé que les art. 34 et 80, qui portent que les moyens de contrainte prononcés par le juge d'instruction ne seront susceptibles ni d'opposition ni d'appel, ne s'appliquent point au ministère public, mais seulement aux témoins récalcitrants. Les motifs de cette distinction sont qu'en règle générale les ordonnances du juge d'instruction ne sont jamais affranchies de l'appel, et que la raison de cette interdiction a été la rapidité de l'instruction. Il est difficile de concilier cette distinction avec les termes formels des articles précités ; l'examen des textes prouve que l'interdiction de l'appel s'applique à toutes les parties, aussi bien au ministère public qu'aux contrevenants. Hors ces cas, le ministère public peut toujours appeler, car il agit dans l'intérêt de la société. Il pourrait même se pourvoir contre un jugement rendu conformément à ses conclusions, lorsque de nouvelles charges sont venues augmenter la gravité du fait.

La partie civile a-t-elle le même droit que le ministère public? L'art. 135 lui accorde le droit de se pourvoir contre les ordonnances, dans les cas prévus par les art. 114, 128, 129, 131 et 539. Son recours doit être circonscrit, comme son action elle-même, dans le cercle de ses intérêts civils. Dans toutes les hypothèses réglées par la loi, le droit d'opposition est fondé sur un dommage qu'elle éprouverait ; aussi le législateur lui ouvre-t-il une voie de recours contre les ordonnances : de mise en liberté provisoire, de non-lieu, de renvoi, soit devant un tribunal de police, soit devant un tribunal correctionnel. Toutefois, dans ce dernier cas, et dans l'hypothèse de l'art. 130, l'appel ne sera point recevable si l'inculpé est en détention préventive. Le motif est que la juridiction dont il s'agit est compétente pour statuer sur les dommages-intérêts.

On peut se porter partie civile en tout état de cause, mais peut-on induire de ce principe que la partie qui n'avait pas cette qualité lors de l'ordonnance de non-lieu, a le droit de faire opposition? Il serait difficile d'admettre la validité d'un tel pourvoi contre une décision absolument étrangère à celui qui l'attaque. Pourtant, ce droit de recours ne lui sera pas dénié d'une manière absolue, et il faudra décider que si le ministère public fait opposition, la partie pourra intervenir sur l'appel. On objectera que l'intervention n'est pas recevable, et qu'il n'est point permis de franchir le premier degré de juridiction. Mais on doit remarquer qu'en matière d'instruction les principes ne sont plus les mêmes. En effet, on peut dire que l'appel ne constitue qu'une procédure préjudicielle; l'instruction préparatoire n'est pas terminée puisque l'inculpé n'est point sorti de son rôle tout passif.

La partie civile qui succombera dans son opposition supportera les conséquences de sa témérité. Aux termes de l'art. 136, elle sera condamnée à des dommages-intérêts envers le prévenu; ce dernier ne fût-il point en détention préventive, la disposition de l'article n'en recevra pas moins son exécution.

Le prévenu n'a-t-il pas un recours contre les ordonnances qui le blessent personnellement? La loi limite ce droit à deux cas : le refus de la mise en liberté sous caution; le rejet de l'exception d'incompétence. Ces dispositions ne font pas obstacle à ce que le prévenu fasse valoir ses exceptions et défenses devant la juridiction de jugement où l'a renvoyé l'ordonnance du juge d'instruction.

Dans quel délai le recours doit-il être déclaré? La solution de cette question se trouve dans l'art. 135. Ce délai est de vingt-quatre heures à partir du moment où l'appelant a pu avoir connaissance de l'ordonnance. A l'égard du procureur impérial, ce délai courra à dater de l'ordonnance même, puisqu'elle doit lui être communiqué sans retard. Les mêmes règles ne sont pas applicables aux actes de l'instruction préparatoire, contre lesquels l'opposition est ouverte, tant que l'instruction elle-même n'est pas fermée.

On se fût exposé à compromettre la vindicte publique en [illegible] définitive, après vingt-quatre heures, une ordonnance rendue par [illegible] seul juge. Après l'expiration des délais, l'ordonnance de mise en liberté s'exécutera, mais il ne faut pas en conclure que dès ce moment la poursuite soit purgée et que toute protestation soit interdite. Aux termes de notre article, le procureur général, nonobstant l'ordonnance non attaquée dans les vingt-quatre heures, pourra former une opposition qu'il notifiera dans les dix jours qui suivront l'ordonnance du juge d'instruction.

QUESTIONS.

Le juge d'instruction peut-il statuer sur les conséquences de l'instruction préparatoire? — Oui.

Les ordonnances du juge d'instruction sont-elles souveraines? — Non.

Les moyens de contrainte prononcés par le juge d'instruction dans les art. 34 et 80 sont-ils affranchis de l'appel du ministère public? — Oui.

Pourquoi la partie civile est-elle privée du droit d'opposition dans le cas de l'art. 130?

Vu par le Président de la Thèse,

CHAUVEAU-ADOLPHE.

Cette Thèse sera soutenue dans une des salles de la Faculté, en séance publique, le 16 août 1858.

IMP. LAMARQUE ET RIVES.

www.ingramcontent.com/pod-product-compliance
Ingram Content Group UK Ltd.
Pitfield, Milton Keynes, MK11 3LW, UK
UKHW032017260826
14628UKWH00006B/2547

9 782013 448574